TABLEAU

DES DROITS D'ENTRÉES,

Qui se percevoient aux Barrières de Paris, sur les principales Denrées, Boissons & Marchandises, & qui ont été supprimés par les Décrets de l'Assemblée Nationale, sanctionnés par le Roi :

Avec l'état du Produit Annuel desdits Droits.

Imprimé par ordre de la Municipalité de Paris.

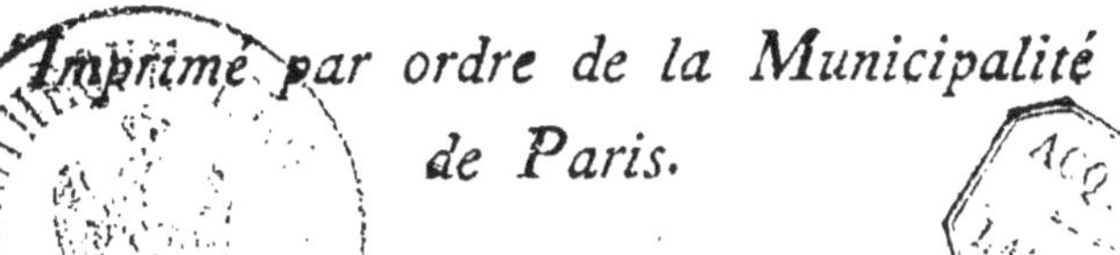

A PARIS,

Chez Jean-Roch LOTTIN, Imprimeur de la Municipalité, rue S.-André-des-Arcs.

1791.

MUNICIPALITÉ DE PARIS.

PAR LE MAIRE
ET LE CONSEIL GÉNÉRAL DE LA COMMUNE.

EXTRAIT DU REGISTRE DES DÉLIBÉRATIONS
DU CONSEIL GÉNÉRAL
DE LA COMMUNE DE PARIS.

Du Vendredi 22 Avril 1791.

M. VALLETEAU DE LA ROQUE a présenté, au nom des Commissaires nommés à ce sujet, le Tableau de Droits d'Entrée qui se percevoient aux Barrières de Paris;

Le Conseil-Général en a ordonné l'impres-pression, l'affiche & l'envoi aux quarante-huit Comités des Sections.

Signé, BAILLY, Maire;

DEJOLY, Secrétaire-Greffier.

TABLEAU

Des Droits d'Entrée qui ſe perçevoient aux Barrières de Paris, ſur les principales Denrées, Boiſſons & Marchandiſes, & qui ont été ſupprimés par les Décrets de l'Aſſemblée Nationale, ſanctionnés par le Roi.

COMMESTIBLES dont les Droits ſe perçevoient à raiſon du prix de leur Vente; ce qui produiſoit une variation journalière ſur leſdits Droits; on va en établir le taux moyen.

	₶	ſ	d
Œufs, la douzaine, environ. . . .	»	1	»
Beurre frais, la livre, environ. . .	»	3	6
Marée fraîche, ſur 20 ſols, prix de la vente.	»	3	2
Hareng, ſur 20 ſols, prix de la vente.	»	»	8
Poiſſons d'eau douce, ſur 20 ſols, prix de la vente.	»	»	6

COMMESTIBLES dont les Droits étoient fixes.

	₶	ſ	d		₶	ſ	d
Un Bœuf vivant.	21	4	10	On peut évaluer qu'une livre paye de Droit, environ.	»	»	11
Une Vache. . . .	13	5	9				
Un Veau. . .	5	19	3	ce qui fait la livre environ.	»	1	2
Un Mouton. . .	1	18	2	, idem. .	»	»	5
Un Porc vivant.	7	17	5	, idem. .	»	1	1
Un Porc mort. .	10	1	8	, idem. .	»	1	4
La livre de chair morte, Bœuf, Veau & Mouton.					»	1	6

	₶	ß	₰
Beurre fondu & salé, la livre, environ.	»	»	5
Fromage sec, idem.	»	»	2

BOISSONS.

Vin, par terre, la pinte.	»	4	2
Par eau, idem.	»	4	6
Vins de liqueur, par terre & par eau, la pinte.	»	5	10
Eau-de-vie simple, idem.	»	10	7
Eau-de vie double, idem. . . .	«	18	4
Esprit-de-vin, idem.	1	6	6
Bierre, idem.	»	1	5
Cidre, idem.	»	»	9
Vinaigre, idem.	»	»	2
Verjus, idem.	»	»	2

VOLAILLES ET GIBIERS.

Nota. Le prix étoit variable pour les six mois d'été & les six mois d'hiver; mais la différence est légère. On a pris le taux moyen.

Un Agneau.	2	9	»
Alouetes, la douzaine.	»	5	1
Une Bartavelle.	»	10	9
Une Bécasse.	»	9	»
Une Bécassine.	»	4	8
Un Bécasseau.	»	1	4
Un Becquefi.	»	3	7
Une Caille.	»	2	8
Un Canard barboteur.	»	6	1
Un Canard de Rouen.	»	11	3
Un Canard sauvage.	»	8	1
Une Canne pétrasse.	»	8	9
Un Chapon gras.	»	18	8
Un Chapon paillé.	»	6	»

	tt	ß	
Un Chevreau.	»	10	9
Un Chevreuil.	1	16	»
Un Cochon de lait.	1	4	6
Un Coq de Bruyère.	1	1	7
Un Coq commun.	»	5	9
Un Dinde gros.	1	3	»
Un Dinde moyen.	»	14	2
Un Faisan.	»	14	10
Une Gelinote.	»	14	9
Une Grive.	»	1	8
Une Guignarde.	»	5	4
Une Houtarde.	1	2	»
Un Lapin.	»	4	11
Un Liévre.	»	11	8
Un Levreau.	»	3	7
Un Marcassin.	2	19	4
Un Merle.	»	»	10
Un Ortolan.	»	3	7
Une Oie grosse.	»	12	6
Une Oie moyenne.	»	8	6
Une Oie sauvage.	»	7	2
Un Paon.	1	1	7
Une Perdrix grise.	»	3	7
Une Perdrix rouge.	»	7	8
Un Pigeon de volière.	»	3	1
Un Pigeon bizet.	»	1	6
Ce qui fait, pour une douzaine;	.	18	5
Un Pluvier.	»	2	7
Une Poularde.	»	19	»
Une Poule ordinaire.	»	5	2
Une Poule Pintarde.	»	4	6
Une Poule de Caux.	»	16	2
Un Poulet gras.	»	9	7
Un Poulet commun.	»	5	2
Une Rale de Genet.	»	4	3

	₶	ß	₰
Un Ramier.	»	5	4
Un Rouge.	»	6	6
Une Sarcelle.	»	3	1
Une Tourterelle.	»	3	7
Un Vanneau.	»	1	9
Sucre, Cire & Bougie, la livre. .	»	2	2
Caffé.	»	3	»
Suif.	»	»	6
Riz, la livre, environ.	»	»	4

Fourages.

Foin, la botte.	»	1	8
Paille, *idem*.	»	»	3
Avoine, le ſeptier.	1	18	»
Grenaille, *idem*.	1	6	3
Orge, *idem*.	»	12	6
Cendres gravelées, Potaſſe, Soude, la livre environ.	»	»	11
Plomb, la livre environ.	»	1	»
Glace, la livre.	»	3	»

Epiceries, Drogueries, Clinquailleries, Fers, Acier, Cuivre, Etain & généralement toutes Marchandiſes au poids, la livre environ, de 4 à 6 deniers.

Une Voie de 30 pieds cubes de pierres.	2	7	3
Une dite de moëlons brut. . . .	»	16	9
Une dite piqué.	1	5	2
Un muid de Plâtre.	3	19	9
Un dit de Chaux.	11	11	»
Mille Briques ou Tuiles grandes. .	13	19	3
Mille dites petites.	6	19	7
Mille dites grandes.	11	1	7
Mille dites moyennes.	5	10	9

Bois quarrés, planches, madriers, bois de menuiserie. Les droits sur ces objets étoient considérables & produisoient environ un million par an ; ils sont très-compliqués à raison des espéces & qualités ; &, comme ils n'intéressent pas le grand nombre des consommateurs, on ne les rappelle que pour inviter les personnes qui sont intéressées à les connoître, à s'en procurer les Tarifs particuliers imprimés.

Bois à brûler, venant par terre.

Une Voie.	6	»	11
Une voie de bois par eau. . . .	5	11	10
Bourées, Souches, Copeaux, une voie.	3	18	10
Falourdes de perches, 50 falourdes.	3	8	7
Charbons de bois, un sac.	1	1	7
Charbons de terre, un minot. . .	»	»	4
Un sac de tan.	»	9	10
Toile, l'aune environ.	»	1	9

TABLEAU

Des Droits d'Entrée & accessoires qui se percevoient sur les Bois de Chauffage & Charbons vendus sur les Ports & dans les Chantiers de la Capitale, & qui sont supprimés à compter du premier Mai 1791, par le Décret de l'Assemblée Nationale, du 19 Février précédent.

BOIS DE CORDE.

	tt	ß	𝔡
La voie de bois neuf, celle de bois flotté & celle de bois blanc payoient chacune	5	12	4
La demi-voie payoit , . . .	2	16	2

Fagots & Falourdes qui se vendent dans les Chantiers de bois flotté.

	₶	ß	₰
La voie de cinquante fagots menuise, blanc & dur, de trois pieds & demi de long, de vingt-six pouces de grosseur, payoit	5	1	6
Chaque fagot payoit.	»	2	»
La voie de cinquante falourdes de perches & harres de trois pieds six pouces de long, trente-six pouces de tour, payoit	2	18	2 $\frac{2}{5}$
Chaque falourde de cette espéce payoit	»	1	1 $\frac{80}{10}$
Les trois falourdes de la même espèce, à cause de la fraction des deniers, ne payoient que	»	3	4
Et les six.	»	7	»

Fagots, Cotterets & Falourdes qui se vendent en bois neuf.

La voie de deux-cents huit fagots de trois pieds six pouces de long, de dix-sept à dix-huit pouces de grosseur, garnis de leurs paremens, & en dedans de bois & non de feuilles, payoit	5	5	»
Chaque fagot à la piéce, payoit. .	»	»	6
La voie de deux-cents-huit cotterets de quartier de vingt-quatre pouces de long, dix-sept à dix-huit pouces de grosseur, payoit.	5	5	»
Chaque cotteret à la pièce, payoit. .	»	»	6
La voie de deux-cent-huit cotterets, taillis, de même dimension, payoit. . .	5	5	»
Chaque cotteret à la piéce	»	»	6

Falourdes d'Orléans.

	#	#	ꝺ
La voie de trois pieds deux pouces de long ſur vingt-quatre pouces de tour, payoit, pour un cent.	6	19	4
Chaque falourde à la piéce. . . .	»	1	3½
Quatre falourdes payoient.	»	5	2
Et pour ſix falourdes.	»	7	9

Charbons de Bois.

Chaque voie de charbon de bois, vendue ſur les ports & ſur la place, payoit de droits.	1	1	»
La demi-voie payoit.	»	10	6

Mais dans les vingt-un ſols ſupprimés étoit compris le ſalaire du Plumet-Porteur, qui maintenant ſera payé par le conſommateur.

Sera le préſent tableau imprimé & affiché ſur les ports, à la porte des chantiers, & par tout où beſoin ſera.

Fait & arrêté en l'Aſſemblée du Corps Municipal, le 29 Avril 1791.

Signé, BAILLY, Maire;

DEJOLY, Secrétaire-Greffier.

PRODUIT ANNUEL

Des droits d'entrées de Paris, non compris la Gabelle du Sel & du Tabac, les droits particuliers sur les Huiles, Savons, Papiers, Cartes, Fers, Cuirs, Amidons, &c. Douanes intérieures, Péages, Aides, Banlieues, &c.

	₶
Œufs.	267,000
Beure frais.	500,700
Fromage frais.	41,000
Poids-le-Roi.	1,200
Volaille & Gibier.	569,000
Marées fraîches.	555,000
Harengs.	76,000
Viandes de toute espéce.	3,337,000
Boissons.	19,536,000
Bois à brûler.	3,903,200
Charbons de bois.	673,000
Charbons de terre.	33,100
Bois de construction.	1,009,000
Matériaux.	789,000
Fourages & Grenailles.	1,158,500
Tuiles.	448,300
	32,897,000

De l'autre part. .	32,897,000
Marchandises au poids.	1,892,000
Soude, Potasse.	86,000
Tan-Spart.	3,300
Plomb.	31,000
Glaces.	51,000
Café.	270,000
Sucre.	463,000
Cire & Bougie.	30,000
Mettage à port.	62,000
Formule de quittance.	42,000
	35,827,300

Cette somme étoit répartie, savoir :

1° Au profit du Trésor public.	29,837,700
2° Au profit de la Ville de Paris.	3,965,800
3° Au profit des Hôpitaux. . .	2,023,800
	35,827,300

De l'Imprimerie de LOTTIN l'aîné, & J.-R. LOTTIN, Imprimeurs de la Municipalité, rue S.-André-des-Arcs.

www.ingramcontent.com/pod-product-compliance
Lightning Source LLC
LaVergne TN
LVHW010344230826
846091LV00009B/4025

* 9 7 8 2 0 1 9 2 3 4 1 7 1 *